BEI GRIN MACHT SICH IHR
WISSEN BEZAHLT

Bibliografische Information der Deutschen Nationalbibliothek:

Die Deutsche Bibliothek verzeichnet diese Publikation in der Deutschen National-
bibliografie; detaillierte bibliografische Daten sind im Internet über http://dnb.d-
nb.de/ abrufbar.

Impressum:

Copyright © 2019 GRIN Verlag
Druck und Bindung: Books on Demand GmbH, Norderstedt Germany
ISBN: 9783346217974

Dieses Buch bei GRIN:

https://www.grin.com/document/583678

Marc Kasberger

FIDO2, WebAuthn und CTAP. Wie gelingt Authentisieren ohne Passwörter?

GRIN Verlag

GRIN - Your knowledge has value

Der GRIN Verlag publiziert seit 1998 wissenschaftliche Arbeiten von Studenten, Hochschullehrern und anderen Akademikern als eBook und gedrucktes Buch. Die Verlagswebsite www.grin.com ist die ideale Plattform zur Veröffentlichung von Hausarbeiten, Abschlussarbeiten, wissenschaftlichen Aufsätzen, Dissertationen und Fachbüchern.

Besuchen Sie uns im Internet:

http://www.grin.com/

http://www.facebook.com/grincom

http://www.twitter.com/grin_com

Hochschule Albstadt-Sigmaringen

Fakultät Informatik

FIDO2, WebAuthn und CTAP

Autor: **Marc Kasberger**

Inhaltsverzeichnis

Abbildungsverzeichnis

Tabellenverzeichnis

Abkürzungsverzeichnis

NIST	National Institute of Standards and Technology (USA)
2FA	Zwei-Faktor-Authentifizierung
OTP	One-Time-Password (Generator), dt: Einmalpasswort
TPM	Trusted-Platform-Module
FIDO	Fast IDentity Online (Allianz)
FIDO2	Erweiterung der Funktionalitäten von Fast IDentity Online
U2F	Universal-two-Facor, dt.: universeller zweiter Faktor
UAF	Universal Authentification Framework
W3C	World-Wide-Web-Consortium
USB	Universal Serial Bus
BLE	Bluetooth Low Energy
NFC	Near Field Communication
WebAuthn	Web-Authentification, API
API	Application Programming Interface, dt.: Programmierschnittstelle
CTAP	Client to Authenticator Protocol
SHA	Secure Hash Algorithm
CBOR	Concise Binary Object Representation
RP	Relying Party
RPS	Relying Party Server
UID	Unique Identifier

1 Theorieteil: Problemstellung und Ausgangslage

Seit der Erfindung des Computers sind mehr und mehr Lebens- und Geschäftsbereiche mit der Datenverarbeitung eng verwoben, wenn nicht gar gänzlich durch Bits und Bytes „realisiert". Die Datenbestände und -systeme umfassen sensible Bereiche der Wirtschaft und auch des täglichen Lebens, nicht zuletzt das Projekt der elektronischen Gesundheitsakte (eGA) und die Kritik[1] daran zeigt die Gefahren der Digitalisierung höchstpersönlicher Vorgänge auf.

Unabhängig von der Sensibilität der Daten ergeben sich allgemein in der Informationssicherheit Kategorien von Schutzzielen. Im vorliegenden Modell sind es die Authentizität eines Objekts oder Subjekts, Datenintegrität, Informationsvertraulichkeit, Verfügbarkeit sowie Verbindlichkeit[2]. Ein wesentlicher und gemeinsamer Aspekt zur Einhaltung all dieser Schutzziele ist, dass nur autorisierte Objekte oder Subjekte (u.a. andere Rechnersysteme und/oder Personen) gemäß den definierten Berechtigungen auf die Daten allgemein zugreifen können und dürfen.

1.1 Authentisieren durch Passwörter

Bis heute ist eines der am meisten verbreiteten Verfahren zur Authentifizierung die Verwendung der Zugangsdaten *(engl. „credentials")* in Form eines Benutzernamens und Kennworts. Während es sich beim Benutzernamen um ein Geheimnis handelt, welches oftmals leicht zu ermitteln ist (bspw. E-Mail-Adresse, Name, allgemeines Identifikationsmerkmal wie Personal- oder Mitgliedsnummer, Spitzname), steht und fällt die Sicherheitsarchitektur mit dem Geheimnisniveau des Kennworts. Nur wenn das Geheimnis keinem Dritten zugänglich ist und dies auch nicht mit vergleichsweise geringem Aufwand zu erraten ist, sind die oben skizzierten Schutzziele überhaupt erreichbar.

Genau das eigentlich geheime Kennwort stellt aktuell eines der Hauptprobleme in der Informationssicherheit dar. Es gibt heute mehr Passwörter als früher zu verwalten, da die Internetnutzung eine höhere Durchdringung erreicht hat. Mehr als 600 Milliarden Webpages verlangen sog. Logins[3]. Trotz Aufklärungskampagnen und Presseberichten finden sich weiterhin simpelste Passwörter in den „Top 10" der Passwort-Leaks. So sind einfachste Zahlenfolgen wie „123" und „12345" national und international weiterhin

---

[1] Vortrag von Martin Tschirsich auf dem 35. Kongress des Chaos Computer Clubs. All Your Gesundheitsakten Are Belong To Us (27.12.2018). https://www.youtube.com/watch?v=82Hfh1AItiQ (Video [zuletzt abgerufen am 17.11.2019])

[2] Vgl. Prof. Dr. Rieger. Einführung in die Informatik. S. 121f.

[3] Vgl. Peter Schmidt. Das Passwort ist nicht tot zu kriegen. Security-Insider (07.12.2016) https://www.security-insider.de/das-passwort-ist-nicht-tot-zu-kriegen-a-565391/ [zuletzt abgerufen am 17.11.2019]

mehrfach in diesen Negativ-Rankings vertreten[4]. Problematisch, weil schnell erfolgreich, sind hier vor allem die Angriffsmethoden des einfachen Ausprobierens *(engl. brute-force-attacks)* bzw. die Verwendung von *Wörterbüchern (engl. dictionary-attacks)* aus Standardsprachen und aus früheren Sicherheitsvorfällen bekannt gewordenen Passwortlisten *(engl. password-breach-lists[5])*.

1.2 Aktualisierung der Passwortregeln

Althergebrachte Passwortregeln stellten sich aber als kontraproduktiv heraus. So revidierte Bill Burr, einer der Mitautoren der Regeln für Passwörter der National Institute of Standards and Technology (NIST) in den USA [in der Version aus 2003], die ursprüngliche Ansicht, dass eine höhere Komplexität (Verwendung min. dreier von vier Zeichenkategorien aus Groß-, Kleinbuchstaben, Zahlen und Sonderzeichen bzw. Obfuskation durch „1337-speech-Syntax"[6]) und eine kurze Passwort-Lebensdauer die Sicherheit erhöhe[7]. Doch aufgrund dieser „unbequemen" Hürden wurde die Sicherheit durch eine Umgehung durch die Nutzer konterkariert, da diese trotz der Regeln die Kennwörter simplifizierten, diese für alle Logins unverändert übernehmen und auch in notierter Form am Arbeitsplatz hinterlegten.

Die aktuelle Version dieses Regelwerks der NIST zur Digitalen Authentisierung[8], die auch die Passwortempfehlungen ausweist *(engl. Requirements by Authenticator Type: Memorized Secret Verifiers)*, setzt nun u.a. auf Akzeptanz von min. 64 Zeichen langen Passphrasen durch den Anbieter. Zudem sollen die größten „Passwort-Sünden" durch eine entsprechende Validierung verhindert werden (Abgleich mit den o.g. Passwortlisten, Abgleich mit Wörterbüchern, keine sich wiederholende Zeichen oder Folgen wie „aaaaa", „1234aaaa" usw., sowie Ausschluss von Ableitungen der Nutzernamen, des Anbieternamens und ähnlicher Kontextbegriffe).

1.3 Passwort-Speicher

Einige der Ursachen für die Auswahl „unsicherer" Passwörter lassen sich mithilfe dedizierter Software eliminieren. Verschlüsselte Passwort-Safes bieten die Möglichkeit,

---

[4] Vgl. u.a. t3n-News. Die 10 meistgenutzten Passwörter 2018. https://t3n.de/news/beliebteste-passwoerter-2018-1133707/ [zuletzt abgerufen am 17.11.2019]

[5] Passwörter prüfbar bspw. auf https://haveibeenpwned.com/Passwords mit „Torrent-Downloads" der Breach-Lists [zuletzt abgerufen am 17.11.2019],
(aber: Kritik hinsichtlich Eingabe aktuell verwendeter „scharfer" Passwörter!)

[6] Verschleierung durch Verwendung den Buchstaben ähnlich aussehender Zahlen und Sonderzeichen wie „7" für „T" oder „3" für ein gespiegeltes „E", „$" für „S" usw.

[7] Vgl. Robert McMillan. Wall Street Journal. The Man Who Wrote Those Password Rules Has a New Tip: N3v$r M1-d! (07.08.2017). https://www.wsj.com/articles/the-man-who-wrote-those-password-rules-has-a-new-tip-n3v-r-m1-d-1502124118 [zuletzt abgerufen am 17.11.201919]

[8] NIST Special Publication 800-63B -5.1.1.2 Memorized Secret Verifiers (Juli 2017).
https://pages.nist.gov/800-63-3/sp800-63b.html#memsecret [zuletzt abgerufen am 17.11.2019]

komplexe, längere und unikale Passwörter online[9] oder offline[10] zu erstellen, zu verwalten und ggf. automatisch bei Login-Vorgängen in das jeweilige Formular bequem einzutragen. Geschützt sind diese Passwort-Speicher normalerweise durch ein sog. Master-Passwort, d.h. der Nutzer muss sich lediglich ein einziges Passwort merken. Diese Funktionalitäten wurden auch von einigen Browserherstellern in ihre Produkte implementiert. Risiken liegen hier in der Informationssicherheit des jeweiligen zentralen Speichers bei Cloud-Lösungen sowie in der eigenen Sicherheitsarchitektur bei selbst gehosteten und gesicherten offline Passwort-Speichern.

1.4   Zwei-Faktor-Authentifizierung

Aufgrund der in 1.1 beschriebenen Unsicherheit sind Passörter allein, gerade in sensiblen Bereichen wie Online-Banking, E-Mail-Diensten und Onlinespeichern, nicht mehr ausreichend. Zunehmend in den letzten Jahren bieten immer mehr Anbieter optional die sog. Zwei-Faktor-Authentifizierung[11] an *(engl. „2-factor-authenticaion", kurz: „2FA")*. Im besonders betrugsanfälligen Online-Zahlungsverkehr ist mit dem Zahlungsdiensteumsetzungsgesetz (nationale Umsetzung der europäischen „Payment Services Directive 2", kurz „PSD2") eine „starke Kundenauthentifizierung" in Form eines zweiten Faktors bei der Authentifizierung sogar verpflichtend[12].

Der Name leitet sich daraus ab, dass zwei Stufen der Authentifizierung aus den drei folgenden Bereichen erfolgreich absolviert werden müssen:

Faktor	Beispiel
Wissen (Geheimnis)	Passwort, Passphrase, PIN
Besitz (geheimnishütender Gegenstand)	Token, OTP[13], Zertifikat, Chipkarte, TPM[14]
Inhärenz (biometrische Eigenschaft)	Fingerabdruck, Iris-Scan, Gesichtsscan

Tabelle 1: Faktoren zur Authentifizierung bei 2FA

---

[9] Bspw. Online-Dienst Lastpass. https://www.lastpass.com/de [zuletzt abgerufen am 17.11.2019]

[10] Bspw. Open-Source-Lösung Keepass. https://keepass.info/ [zuletzt abgerufen am 17.11.2019]

[11] Vgl. Bundesamt für Sicherheit in der Informationstechnik (BSI). Sicheres Einloggen Leichtgemacht. https://www.bsi-fuer-buerger.de/BSIFB/DE/Service/Aktuell/Informationen/Artikel/2FA-zwei-faktor-authentisierung.html [zuletzt abgerufen am 17.11.2019]

[12] Vgl. Deutsche Bundesbank. PSD2 ab 14.09.2019 (mit Moratorium wegen Benken des deutschen Online-Einzelhandels). https://www.bundesbank.de/de/aufgaben/unbarer-zahlungsverkehr/psd2/psd2-775434 [zuletzt abgerufen am 17.11.2019]

[13] One-Time-Password-Generator, dt. *Einmalpasswort-Generator*

[14] Trusted-Platform-Module, in moderner Hardware verbauter Sicherheitschip, vgl. https://de.wikipedia.org/wiki/Trusted_Platform_Module [zuletzt abgerufen am 17.11.2019]

2   Theorieteil: FIDO2

2.1   Idee und Historie FIDO

Schon vor etwa 15 Jahren wurde vom Gründer der Fa. Microsoft erklärt, dass die Authentifizierung mittels Passwortes tot sei[15]. Sowohl kleine Anbieter[16] als auch große „Player" wie Google (OAuth 2.0) und Facebook bieten sog. „Single-Sign-On-Services"[17] an, die Passworteingaben zumindest auf das Mindeste reduzieren. Nach einer einmaligen Authentifizierung beim jeweiligen Anbieter ist die Nutzung unzähliger weiterer unterstützter Webservices ohne erneutes Einloggen möglich. Neben erheblicher Datenschutzbedenken[18] ist die Verknüpfung der gesamten digitalen Identität mit diesen hochkommerziellen Konzernen als „Zentrale Identity-Provider" ein Hauptkritikpunkt.

Die bisher geschilderten Sicherheitsprobleme mit Passwörtern und Identitätsdiebstahl durch Servereinbrüche und Missbrauch erbeuteter Zugangsdaten können durch eine Abschaffung dieser Authentifizierungsmethoden nach der Idee der „FIDO-Allianz" (Fast IDentity Online) der Vergangenheit angehören. Die nicht kommerzielle Allianz wurde 2012[19] gegründet und hat heute über 150 internationale Konzerne und Institutionen als Mitglieder.

Die Idee hinter der neuen Authentifizierungsmethode soll zu einfacheren und sicheren Logins führen und Passwörter künftig obsolet machen. Technisch basiert diese Idee auf einer Kombination asynchroner Kryptographie (PKI-Verfahren[20]) und hardwarebasierter Sicherheitsmodule, wobei das notwendige Geheimnis (private Schlüssel) zur Authentifizierung bauartbedingt nicht ausgelesen werden kann und das jeweilige Nutzergerät nicht mehr verlässt. Es gibt also keine „Shared-Secrets", die beide Kommunikationspartner hüten müssten. Außerdem sind mehrere Identitäten möglich, da grundsätzlich eine anonyme Authentifizierung möglich ist.

Alle notwendigen Spezifikationen sind quelloffen und lizenzfrei, stehen somit einer weltweiten Nutzerbasis zur Verfügung.

---

[15] Vgl. ZDnet.com. Gates: The password is dead (16.11.2004) - https://www.zdnet.com/article/gates-the-password-is-dead/ [zuletzt abgerufen am 17.11.2019]

[16] Vgl. COM-Magazin: Project Mirror. Dashlane will Passwörter abschaffen (04.01.2018). https://www.com-magazin.de/news/sicherheit/dashlane-passwoerter-abschaffen-1457180.html [zuletzt abgerufen am 17.11.2019]

[17] Single-Sign-On: Einmalige Authentifizierung bei einem Anbieter und Nutzung weiterer Drittanbieter auf Basis dieser Anmeldung ohne weitere Login-Eingaben.

[18] Vgl. u.a. FAZ. Missbrauch programmiert (28.03.2014). https://www.faz.net/aktuell/technik-motor/digital/login-mit-facebook-kann-gefaehrlich-werden-12860066.html [zuletzt abgerufen am 17.11.2019]

[19] Vgl. History of FIDO Alliance. https://fidoalliance.org/overview/history/ [zuletzt abgerufen am 17.11.2019]

[20] Public-Key-Infrastructure, Organisation öffentlicher und privater Krypto-Schlüssel zur sicheren Verschlüsselung und Authentifizierung

Zunächst wurden Standards für eine universelle Zwei-Faktor-Authentifizierung („FIDO-U2F") und ein universelles Framework für Authentifizierung („FIDO-UAF") festgelegt. Diese wurden unter der Bezeichnung „FIDO v1.0" im Dezember 2014 veröffentlicht.

Der nächste evolutionäre Schritt trägt den Projekt-Namen „FIDO2" (Joint-Project der „FIDO-Allianz" und des „W3C" (World-Wide-Web-Consortium) und erlaubt eine Authentifizierung ohne Passwort. Schon früh erhielt dieser Standard namhafte Unterstützung. So kündigte Microsoft bereits Anfang 2015, dass „FIDO2" vollständig von Windows 10 unterstützt werden soll[21]. Der noch junge Web-Standard erblickte das Licht der Welt durch die Publizierung durch das W3C im März 2019[22], in der vornehmlich die Details zur Internet-Komponente „WebAuthn-API" konkretisiert wurden (vgl. Tz. 2.5). Zum „FIDO2"-Projekt gehört auch der Standard „Client to Authenticator Protocol 2" („CTAP2", vgl. Tz. 2.6), der im Wesentlichen die Datenverbindung auf der Nutzerseite definiert, wo verschiedene Übertragungswege zwischen Client und Hardware-Token möglich sind.

Akronym	Erläuterung
FIDO	Fast Identity Online der FIDO-Allianz
FIDO/U2F	Methode für 2-Faktor-Authentifizierung
FIDO/UAF	Framework für Authentifizierung
FIDO2	Projekt der FIDO-Allianz und W3C
WebAuthn	Webstandard JavaScript API - Client (Browser)/FIDO2-Modul
CTAP	Protokoll zur Kommunikation Browser/Token (U2F)
CTAP2	Verbindungsprotokoll von FIDO2

Tabelle 2: Übersicht Abkürzungen/Projektelemente FIDO-Allianz

2.2 Clientseitige Voraussetzung zur Nutzung FIDO2

Zu einem möglichen Durchbruch zum Erfolg könnte auch beitragen, dass auf der Nutzerseite neben Windows 10 selbst auch fast alle gängigen Browser und auf der mobilen Seite die neueren Android-Geräte nativ die APIs unterstützen. Lediglich Apple zögerte

---

[21] Vgl. Golem.de. Windows 10 erhält Anmeldestandard Fido (17.02.2015). https://www.go-lem.de/news/microsoft-windows-10-erhaelt-anmeldestandard-fido-1502-112407.html [zuletzt abgerufen am 17.11.2019]

[22] Vgl. Web Authentication. An API for accessing Public Key Credentials Level 1 (04.03.2019). https://www.w3.org/TR/webauthn-1/ [zuletzt abgerufen am 17.11.2019]

noch, da der hauseigene Service „Sign in with Apple[23]" verbreitet werden sollte. Aber auch hier ist absehbar, dass die Zurückhaltung Apples nicht auf Dauer Bestand haben wird. Ab iOS13 werden etwa mobile Geräte des Herstellers NFC-Token unterstützen[24].

Browser	Win10	macOS	Linux	U2F API	WebauthnAPI
Chrome	✓	✓	✓	✓	✓
Firefox	✓	✓	✓	☁[25]	✓
Chrome Android				✓	✓
Edge	✓		✗		✓
Opera	✓	✓	✓	✓	✓
Safari		✓		✗	☁
Safari iOS				✗	✗

Tabelle 3: Matrix der U2F/Webauthn Unterstützung aktueller Browser[26]

Neben den in der Tabelle genannten, gängigen Browsern sind auch weitere Hersteller bereits im Planungsprozess, um den Standard zu implementieren.

Aber auch auf vielen weiteren Plattformen ist die Authentifizierung oder zumindest U2F möglich, da es auf dem Markt zahlreiche relativ kostengünstige Token gibt, die mittels „Universal Serial Bus" (USB), „Bluetooth Low Energy" (BLE) oder „Near Field Communication" (NFC) mit dem Endgerät kommunizieren (externer Authentifikatior). Im Handel befindliche kompatible Token sind anhand des registrierten Logos der FIDO-Allianz erkennbar:

---

[23] Vgl. Apple. The fast, easy way to sign in to apps and websites. https://developer.apple.com/sign-in-with-apple/ [zuletzt abgerufen am 17.11.2019]

[24] Vgl. Golem.de. FIDO2 & Co: Apple öffnet iPhone-NFC für Sicherheitsschlüssel. https://www.heise.de/mac-and-i/meldung/FIDO2-Co-Apple-oeffnet-iPhone-NFC-fuer-Sicherheits-schluessel-4532783.html [zuletzt abgerufen am 17.11.2019]

[25] Symbol für: „aktuell in Entwicklung"

[26] Vgl. c't - Magazin für Computertechnik. Heise-Verlag. Ausgabe 18/2019. Seite 31

*Anmerkung der Redaktion: Abbildung 1 wurde aus
urheberrechtlichen Gründen entfernt.*

Abbildung 1: modulares FIDO-Logo[27]

Sofern die Client-Workstation ein TPM auf dem Mainboard hat, ist FIDO2 unter
Windows 10 auch ohne weitere Hardware, also auch ohne Token, möglich (interner
Authentifikator). Die meisten aktuellen Geräte haben standardmäßig TPM verbaut.

Bei den mobilen Geräten dominiert Android den Markt. Hier sind bei aktuellen Geräten
auch TPM vorhanden, die dort „Secure Element" heißen.

2.3 Serverseitige Voraussetzungen

Ein erfolgsversprechender Faktor bei FIDO2 ist die relativ einfache Implementation in
bereits bestehende Dienste. Grundsätzlich sind alle Dienste, die mit Logins ausgestattet
sind, für FIDO2 geeignet. Ein Setup mit einem einfachen AMP-Server (Apache, MySQL,
PHP) reicht daher bereits aus.

Zur einfachen Umsetzung existieren bereits unzählige Frameworks und Pakete, die je
nach Vorliebe des Systembetreuers eingesetzt werden können.

Die Demoseite „webauthn.io" bietet einige direkte Verlinkungen auf Open-Scource-Bib-
liotheken der Sprachen/Frameworks Go, Java, JavaScript, .NET, Python und Ruby an.

2.4 Funktionsweise FIDO2

2.4.1 Schlüsselgenerierung

Dreh- und Angelpunkt der digitalen Identität ist das Geheimnis, welches mit dem Authenticator verbunden ist. Dieser kann entweder in Form eines separaten Hardware-
Tokens sein, aber auch als sog. Plattform Authenticator von den Betriebssystemen wie
Android (Hardwaremodul/Secure-Element) und Windows 10 (TPM) bereitgestellt werden. Aus diesem Geheimnis und der Domain des jeweiligen Dienstes wird ein geheimer
Schlüssel generiert und der öffentliche Schlüssel abgeleitet[28]. Dieses Schlüsselpaar ist
das Ergebnis einer Hash-Operation („Keyed-Hash Message Authentication Code",

---

[27] https://fidoalliance.org/fido-trademark-license-agreement-exhibit-a/
 [zuletzt abgerufen am 17.11.2019]

[28] Vgl. c't - Magazin für Computertechnik, a.a.O.

„Secure Hash Algorithm 256bit", HMAC-SHA256), wobei das Geheimnis, ähnlich wie bei einem „gesalzenen" Passwort-Hash, der Message vor der Berechnung hinzugefügt wird.

2.4.2 Public-Key-Verfahren

Bei FIDO2 werden mehrere Public-Key-Verfahren genutzt. Es handelt sich um ein sog. asymmetrisches Verfahren. Allgemein beschrieben hat jeder der Kommunikations-partner jeweils einen öffentlichen und einen privaten Schlüssel. Genutzt werden die entsprechenden Algorithmen sowohl für digitale Unterschriften, auch Signaturen ge-nannt (Absender- und Inhaltsverifikation), als auch für digitale Verschlüsselung (Nach-richtengeheimnis). Beim FIDO2-Projekt steht die Signaturmöglichkeit im Vordergrund. Hierbei wird ein öffentlicher Schlüssel (*engl.: public* key) publiziert. Die Nachricht wird vom Absender mit dem Geheimnis (privater Schlüssel, *engl. private key*) durch die Ver-wendung eines Krypto-Algorithmus signiert. Jedermann kann nun mithilfe des öffent-lichen Schlüssels die Nachricht zum einen inhaltlich auf Manipulation prüfen. Jedwede Veränderung wird grundsätzlich durch die Verifikation aufgedeckt. Sofern dem Aus-steller des öffentlichen Schlüssels vertraut wird und dieser dem Aussteller des Public-Key zweifelsfrei zugeordnet werden kann (bspw. durch Zertifizierung oder händisch durch Vergleich von eindeutigen Merkmalen, den sog. „Fingerprints"), kann zum ande-ren die Absenderidentität verifiziert werden.

Auf diesem Grundprinzip basieren verschiedene Verfahren und Algorithmen, von de-nen viele, je nach verwendeter Schlüssellänge, noch heute als sicher gelten[29]. Bei FIDO2 wird aus Gründen der Abwärts-Kompatibilität noch das veraltete RSA-Verfahren (1977, Rivest-Shamir-Adleman) unterstützt. Standardmäßig wird das von der NIST zertifizierte „ECDSA P-256"-Verfahren[30] (Elliptic Curve Digital Signature Algorithm, dt. Elliptische-Kurven-Kryptographie für Digitale Signatur Algorithmen) verwendet.

2.4.3 Skizzierung der Registrierung und Anmeldung

Bei einer Registrierung bei einem kompatiblen Anbieter wird der öffentliche Schlüssel des Nutzers beim (Web-)Server, hinterlegt. In den Spezifikationen wird der Server des Diensteanbieters auch „Relying Party" (*dt. vertrauenswürdige Partei*) genannt.

Bei jeder Anmeldung am Server schickt der Server zunächst eine sog. „Challenge" (*dt. Aufgabe)*, eine Zufallszahl, an den Client. Dort wird die „Challenge" mit dem privaten

---

[29] Vgl. konträre Vision: c't - Magazin für Computertechnik - Ausgabe 01/2019 - Quantensichere Schlüs-sel dringend gesucht

[30] Vgl. Patrick D. Gallagher et al. Digital Signature Standard (DSS) / FIPS PUB 186-4. https://nvlpubs.nist.gov/nistpubs/FIPS/NIST.FIPS.186-4.pdf [zuletzt abgerufen am 17.11.2019]

Schlüssel des Clients signiert und an die „Relying Party" (RP) zurückgeschickt. Der Server validiert die Antwort mithilfe des hinterlegten öffentlichen Schlüssels und bei positivem Ergebnis erfolgt der Login.

Anmerkung der Redaktion: Abbildung 2 wurde aus urheberrechtlichen Gründen entfernt.

Abbildung 2: Passwortloses Anmelden mit FIDO2[31]

2.5   WebAuthn

Der Kern der FIDO2-Spezifikation[32] ist „WebAuthn". Es handelt sich um eine standardisierte Programmierschnittstelle (API), die auf Basis von JavaScript die Kommunikation zwischen dem Client-Webbrowser und der jeweiligen „Relying Party" in Form von JSON-Objekten[33] (JavaScript-Object-Notation) abwickelt. Dabei werden keinerlei Geheimnisse ausgetauscht, was „Phishing- bzw. Man-In-The-Middle-Angriffe" konzeptionell wirkungslos macht.

Die Spezifikationen richten sich u.a. sowohl an Entwickler von Clients, namentlich Browserhersteller, als auch an Entwickler von Webapplikationen und regeln darüber hinaus die Mindestfunktionalitäten und optionalen Features der sog. „User-Agents", „Authenticators" und „Relying Parties".

---

[31] Vgl. c't - Magazin für Computertechnik. Heise-Verlag. Ausgabe 18/2019. Seite 18

[32] Vgl. W3C. Web Authentication. An API for accessing Public Key Credentials Level 1, a.a.O.

[33] Vgl. Douglas Crockford. The JavaScript Object Notation (JSON) Data Interchange Format (2017). RFC8259, https://tools.ietf.org/html/rfc8259 [zuletzt abgerufen am 17.11.2019]

2.5.1 Aufgaben der API im Detail

2.5.1.1 Ablauf der Registrierung

Schritt 0: Initiiert wird die erstmalige Registrierung oder erneute Registrierung bei einem Wechsel des Authenticators, aber auch bei Verwendung eines zusätzlichen Geräts, durch den Nutzer. Dies geschieht mittels Angabe eines gewünschten User-Namens auf der Weboberfläche des Diensteanbieters und Bestätigung über die zugehörige Schaltfläche.

Schritt 1: Im ersten eigentlichen Step übermittelt der Relying Party Server (RPS) die sog. „PublicKeyCreationOptions", die zunächst einmal aus einer kryptografischen Challenge enthalten. Es handelt sich hierbei um einen min. 16 Bytes langen Zufallswert[34], der zwingend auf der geschützten Hardware der Relying Party mit ausreichender Entropie generiert werden muss.

Als Vorsichtsmaßnahme dient die Vorgabe hinsichtlich der Challenge-Art und -Herkunft der Verhinderung von sog. „Reply-Attacken", bei denen unter Berücksichtigung der verwendeten Hardware und des gleichen Timings versucht wird, generierte „Pseudo-Zufallszahlen" zu rekonstruieren und somit die Ausstellung von quasi identischen Schlüsselpaaren zu wiederholen, um Klone dieser zu erhalten. Damit wäre das Geheimnis nicht mehr sicher.

Des Weiteren enthalten die PublicKeyCreationOptions u.a. noch Informationen über den gewählten Usernamen und dem zugeordneten Unique Identifier (UID), der hier UserID heißt. Der RPS übermittelt auch Daten über ihn selbst, insbesondere den Domainnamen, der stets mit „https:" beginnen muss. Verbindungen ohne Transportverschlüsselung sind nicht vorgesehen.

Übermittelt werden diese Daten in Form von Objekten über die RP JavaScript Applikation zur Interpretation an den Client-Browser weitergeleitet.

Die WebAuthnAPI der hier behandelten Spezifikation sorgt für den reibungslosen Ablauf bei dem Austausch der Daten-Objekte zwischen dem RP und dem Client-Browser, im weiteren Verlauf auch auf dem Rückkanal.

Schritt 2: Der Authenticator, unabhängig davon ob vom Betriebssystem bereitgestellt oder als externer Token eingebunden, erhält die in Schritt 1 beschriebenen Daten weitergeleitet. Außerdem einen „ClientDataHash", einen SHA256-Hashwert, der eine seriell angeordnete Liste der Daten über den Browser bzw. Client im Allgemeinen enthält

---

[34] Vgl. W3C. Web Authentication. An API for accessing Public Key Credentials Level 1. § 13.1, a.a.O.

und in der Eigenschaft „type" mittels String „webauthn.create" dem Authenticator die Aufforderung signalisiert, ein neues Schlüsselpaar zu erzeugen.

Schritt 3: Als Geheimnisspeicher erstellt der Authenticator also für jeden neuen Registrierungsvorgang, der für jede abweichende (Sub-)Domain und jede weitere Identität notwendig ist, einen eigenen privaten und öffentlichen Schlüssel. Der RSP kann die „User-Verification" bestimmen.

Es ist meistens der Fall, dass die Keys im Authenticator gespeichert werden, dies ist über das Flag „resident key" wählbar, Standard ist „true".

Grundsätzlich gibt es zwei verschiedene Modi, die sicherstellen, dass eine Registrierung oder ein Loginvorgang durch den Nutzer veranlasst ist. „User Presence" (UP) bedeutet, dass ein Nutzer durch eine einfache Bestätigung (bspw. Klick auf eine Schaltfläche „OK" oder einen Tastendruck bei einem externen Token) seinen Vorgang autorisiert. Dies soll verhindern, dass Registrierungen und Login-Prozeduren ohne das Wissen und Wollen des Nutzers ausgeführt werden, was eventuell bei Angriffsszenarien denkbar wäre. Eine höhere Anforderung bietet der Modus „User Verification" (UV). Dabei kann der Nutzer seine Identität, je nach Endgerät, durch weitere Faktoren bestätigen (PIN, Passwort, Gesichtserkennung, Fingerabdrucksensor).

Die vom RSP geforderte UV hat drei mögliche Sicherheitsstufen:

- required: Freigabe nur mit erfolgreicher Verifikation
- preferred: Freigabe erwünscht, aber nicht zwingend
- discouraged: keine Freigabe möglich

Durch die beiden Flags UV und UP sind daher folgende Kombinationen möglich:

UV	UP	Bedeutung
0	0	stille Authentifizierung
1	0	Nutzer physisch präsent, aber nicht verifiziert
0	1	Nutzer verifiziert, aber nicht präsent (bspw. bei Smartcards)
1	1	Nutzer physisch anwesend und verifiziert

Tabelle 4: Nutzer-Präsenz und -Verifikation[35]

---

[35] Vgl. FIDO-Allianz. Client to Authenticator Protocol (CTAP) 30.01.2019. § 5.2. https://fidoalliance.org/specs/fido-v2.0-ps-20190130/fido-client-to-authenticator-protocol-v2.0-ps-20190130.html [zuletzt abgerufen am 17.11.2019]

Schritt 4: Der neu erstellte öffentliche Schlüssel und eine "credential id", die den Ursprung des öffentlichen Schlüssels transparent macht, wird als eine Art Beglaubigung (engl. *attestation*) im sog. „attestationObject" an den Browser weitergereicht.

Das Format des attestationObject ist grundsätzlich im „packed" Format, aber auch andere Formate sind zulässig.[36] Es besteht aus der „authenticator data", der Formatinformation und dem „attestation statement".

Es ist dem RSP überlassen, welche Anforderungen er an die Beglaubigung bzw. Attestat des Authenticators setzt. Es ist eine Frage des Datenschutzniveaus, ob und inwieweit die identifizierbaren Daten (Hersteller, Modell) des Authenticators an den RSP übermittelt werden müssen. Möglichkeiten sind hier „none", „indirect" und „direct".

Schritt 5: Der RSP erhält eine Antwort vom Client als sog. „AuthenticatorAttestationResponse", welcher die „ClientData" im seriellen JSON-Format enthält und das attestationObject beinhaltet.

Schritt 6: Nach der Validierung der Antwort werden die Daten in der Credential-Database des RSP gespeichert und für Login-Vorgänge vorgehalten.

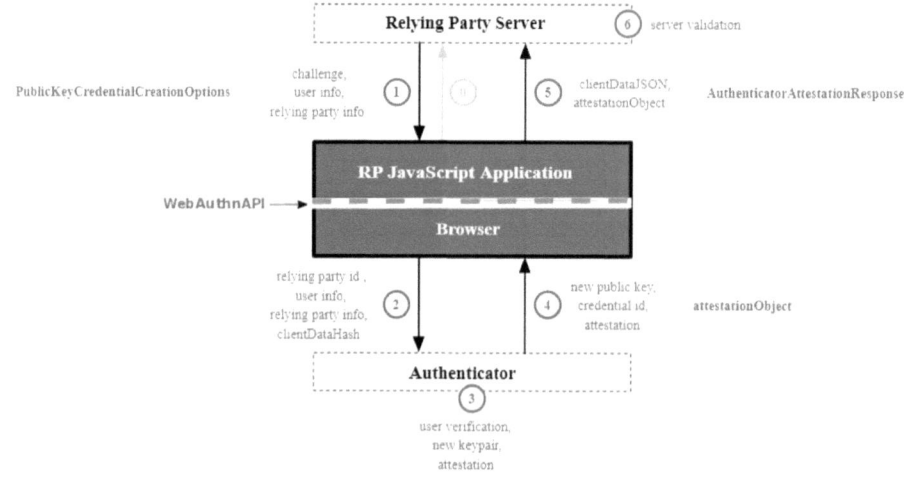

Abbildung 3: Webauthn: API-Kommunikation bei Registrierung eines Nutzers[37]

---

[36] Vgl. W3C. Web Authentication. An API for accessing Public Key Credentials Level 1. § 6.4, a.a.O.

[37] W3C. Web Authentication. An API for accessing Public Key Credentials Level 1. Figure 1, a.a.O.

2.5.1.2 Ablauf eines Logins mit Authenticator

Die Abläufe bei einer Anmeldung mittels Authenticators sind grundsätzlich ähnlich und beteiligen die gleichen Schnittstellen und Komponenten. Einige der Informationen werden nicht erneut übertragen, sondern lediglich über die bereits bekannten Identifikationsmerkmale (engl. *identifiers, ID*) zurgeordnet.

Schritt 0: Ein Nutzer ruft den Diensteanbieter auf dem verknüpften Endgerät auf und verbindet ggf. den Token mit dem Endgerät. Er beginnt den Login-Vorgang mit der Auswahl der Identität, sofern mehrere vorliegen.

Schritt 1: Als „PublicKeyCredentialRequestOptions" wird die Anfrage des RPS an den Client-Browser bezeichnet, die lediglich eine Challenge enthält. Diese ist nicht die gleiche wie bei der Registrierung, sondern einmalig. Es gelten in Diesem Fall die gleichen Ausführungen zu den Anforderungen an die Randomisierung (vgl. 2.5.1.1, Schritt 1).

Schritt 2: Clientseitig wird die Relying Party ID und der ClientDataHash daraufhin an den Authenticator übermittelt.

Die Relying Party ID ist von der Domain des Diensteanbieters abgeleitet. Sie dient der Identifizierung des RPS und sorgt dafür, dass nur die zum Dienst passenden Zugangsdaten übermittelt werden. Grundsätzlich gilt hier eine sog. „Same-Origin-Policy" (*dt. Gleiche-Herkunft-Richtlinie*). Gültig sind spätere Anfragen im Authentifizierungsprozess von der jeweiligen Domain, auch wenn die Registrierung von einer Subdomain ausging. Umgekehrt funktioniert dies nicht. Ein eventuell abweichender Port bei der URL (*Uniform Ressource Locator, ugs. „Internetadresse"*) ist unerheblich. Bei der Registrierung beim Dienste-Anbieter unter der Adresse https://login.beispiel.de:815 sind somit spätere Anmeldungen von den Domains „login.beispiel.de" und „beispiel.de" zulässig, nicht jedoch von „zusatz.login.beispiel.de" und auch nicht von „.de".[38]

Schritt 3: Sofern die vom RSP geforderten Voraussetzungen hinsichtlich der Nutzer-Anwesenheit (UP) und -Verifikation (UV) erfüllt sind (vgl. 2.5.1.1, Schritt 3), wird die Challenge mit dem privaten Schlüssel des Authenticators digital unterschrieben und eine sog. „assertion" (*dt. Zusicherung*) erstellt.

Schritt 4: Auf keinen Fall verlässt das Geheimnis, der private Schlüssel den Authenticator, wodurch das Verfahren konzeptionell als sehr sicher gilt. Die signierte Challenge

---

[38] Vgl. W3C. Web Authentication. An API for accessing Public Key Credentials Level 1. § 4, a.a.O.

und die Daten des Authenticators (in der Abbildung 4 als „authenticatorData" bezeich-
net) gehen zurück an den Browser und werden im folgenden ... Schritt 5 als
AuthenticatorAssertionResponse als ClientDataJSON dem RPS via Trans-port Layer
Security (TLS) bzw. https zurück übermittelt.

Schritt 6: Sowohl im Schritt 3 (Authenticator) als auch im RSP finden die kryptografi-
schen Operationen statt, die den Kern des Verfahrens bilden. Der RSP verifiziert die
Authentizität der Signatur mittels des öffentlichen Schlüssels, der für den jeweiligen
User in der User-Credential-Datenbank hinterlegt wurde.

Bei positiver „server validation" gilt der Nutzer als authentifiziert und der Loginvorgang
wird abgeschlossen.

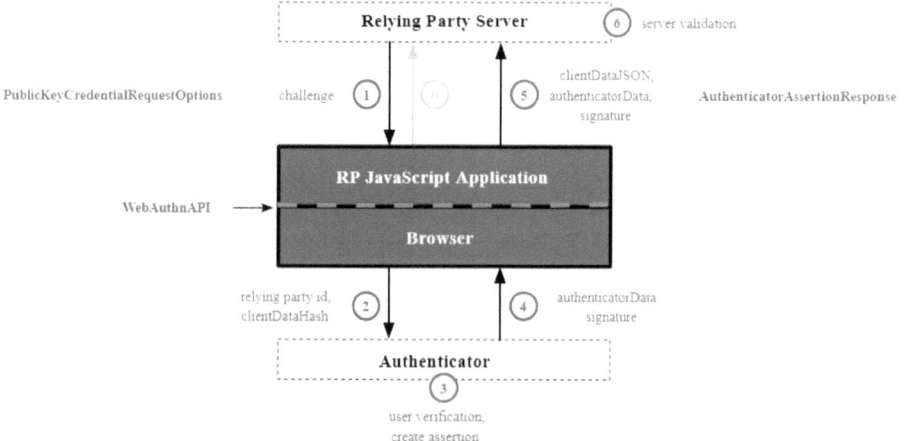

Abbildung 4: Webauthn: API-Kommunikation bei Authentifizierung [39]

2.6   CTAP2

Das Client to Authenticator Protokol (CTAP1) wurde bereits bei der ersten Version der
FIDO-Spezifikationen definiert und im Rahmen von FIDO2 erweitert. CTAP2 beschreibt
die Details zur Kommunikation zwischen der Applikationsschicht und den verschiedenen Sicherheitsschlüsseln auf der Client-Seite. Da es sich um einen offenen Standard
handelt, können beliebige Drittanbieter Hardware-Token auf dem Markt anbieten. Um
einen reibungslosen Ablauf der Authentifikation zu gewährleisten, sind daher Mindestfunktionalitäten und bestimmte Algorithmen vorgeschrieben.

---

[39] W3C. Web Authentication. An API for accessing Public Key Credentials Level 1. Figure 2, a.a.O.

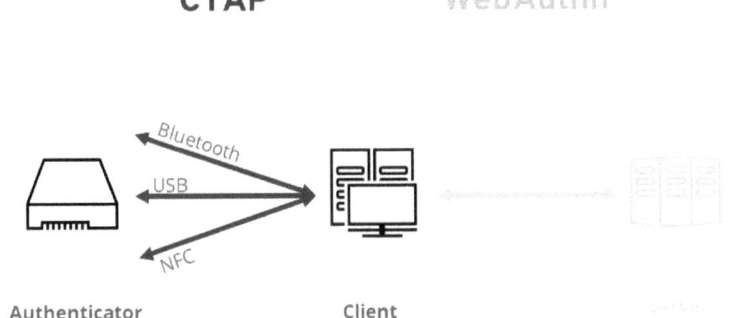

Abbildung 5: Abgrenzung CTAP und WebAuthn[40]

Zuletzt wurde das Protokoll am 30.01.2019 von der FIDO-Allianz veröffentlicht. Im Wesentlichen werden drei Bereiche spezifiziert:

2.6.1 Authenticator API

Die Schnittstellenbeschreibung für die Hardware-Token betrifft hauptsächlich die in den Schritten 2 bis 4 der Prozedur für Registrierung und Anmeldung (vgl. Tz. 2.5.1.1 und 2.5.1.2) beschriebenen Aktionen. Da UV auf der Ebene der Token abgewickelt wird, sind hier auch die Abläufe zur Vergabe, Überprüfung und Änderung der Personal Identification Numbers (PIN) geregelt.

Id	API-Call authenticator	Beschreibung
0x01	MakeCredential	Erstellung eines neuen Logins
0x02	GetAssertion	Anforderung kryptografische Authentifizierung
0x08	GetNextAssertion	benötigt bei mehreren Credentials/Logins pro Diensteanbieter
0x04	GetInfo	Abfrage der Seriennummern, vom Token unterstützte Protokolle
0x06	ClientPIN	Details zur UV und verschlüsseltem internen PIN-Management
0x07	Reset	Rücksetzen Token auf Werkseinstellung

Tabelle 5: CTAP-API-Methoden

---

[40] Bild: https://www.ionos.de/digitalguide/server/sicherheit/client-to-authenticator-protocol-ctap/ [zuletzt abgerufen am 17.11.2019]

Überwiegend handelt es sich also um Methoden- und Datentypen-Vereinbarungen. Sog. „Mapping" sorgt an der API dafür, dass die Nachrichten an der Schnittstelle im Zuständigkeitsbereich von WebAuthn und CTAP2 richtig umgesetzt werden. Hierfür werden Methodennamen des einen Standards mit denen von CTAP2 verknüpft., bspw. heißt die Methode zur Übergabe des Hashs bei WebAuthn „hash" und bei CTAP „clientDataHash" oder „rpEntity" heißt bei CTAP „rp". Während es sich überwiegend um Namenskonventionen handelt, erkennt man bspw. erst in CTAP, dass etwa die Notwendigkeit der UP zwar mittels Flags auswählbar ist (vgl. Tabelle 4: Nutzer-Präsenz und -Verifikation), in der aktuellen Version von CTAP2 jedoch standardmäßig immer die UP abgefragt wird.

2.6.2 Message Encoding,

In dem Kapitel 6 der CTAP2-Spezifikation geht es um den Aufbau der Anfragen und Antworten an den Authenticator. Die Befehle sind einheitlich strukturiert und werden in einem bestimmten Format übertragen.

Gerade die funkbasierten Übermittlungsmöglichkeiten wie BLE oder NFC haben relativ kleine Bandbreiten. Der Transfer von JSON-Datensätzen ist aufgrund des Overheads nicht optimal für solche Übertragungswege ausgelegt.

Daher werden die JSON-Objekte in das „Concise Binary Object Representation Format" (CBOR[41]) überführt. CBOR ist ein objektorientiertes Format, welches ideal für seriellen Datentransfer geeignet ist und durch Optimierung und Minimalisierung deutlich schneller übertragen und verarbeitet werden kann. So werden zahlreiche Syntax-Elemente wegrationalisiert und die Objekte mit den kleinstmöglichen Datentypen verarbeitet.

```
var rp = {
    name: "MDF"
};
```

Code 1: Beispiel PublicKeyCredentialUserEntity DOM object

```
a1                              # map(1)
    64                          # text(4)
        6e616d65                # "name"
    63                          # text(3)
        4d4446                  # "MDF"
```

Code 2: Beispiel PublicKeyCredentialUserEntity als CBOR (kommentiert)

---

[41] Bormann, C. et al. Concise Binary Object Representation (CBOR). IETF RFC 7049.

Während das DOM-Objekt im Beispiel 37 Bytes benötigt, sind es beim „inhaltsgleichen" CBOR lediglich 10 Bytes, was über 70% Einsparvolumen entspricht.

Vermeintlicher Nachteil dieses Formats ist lediglich die offensichtlich schlechtere Lesbarkeit für den menschlichen Betrachter.

Davon abgeleitet und auch bei CTAP2 verwendet wird das „CBOR Object Signing und Encryption Format" (COSE), welches speziell bei den kryptografischen Operationen Anwendung findet.

2.6.3 Transportspezifische Kommunikation,

Es gibt verschiedene zulässige Übertragungsmethoden zwischen dem Endgerät und dem Authenticator. Die Funktionalität soll durch CTAP2 unabhängig vom Medium USB, NFC, BLE gegeben sein.

Man hat sich darauf geeinigt, dass der USB-Token auf Basis des Protokolls für „Human Interface Device" (HID) kommuniziert. Der Authenticator wird schlicht und ergreifend wie eine Tastatur angesprochen. In den Specs wird daher auch von CAPTHID gesprochen. Der Token muss sich entsprechend als Tastatur anmelden können und als solches vom Betriebssystem korrekt erkannt werden. Drei Stadien bei der Übermittlung wiederholen sich immer wieder: Nachrichten vom Token zum Endgerät, Bearbeitung durch den Token und Antwort an das Endgerät. Geregelt werden müssen daher auch Ausnahmesituationen wie Zeit-Überschreitungen, Abbrüche und Kollisionen.

Bei der drahtlosen Nutzung von Token via NFC greift man auf die „Application Protocol Data Unit" (*APDU; dt. Datenelement des Anwendungsprotokolls*) und damit auf bereits bewährte Spezifikationen, zurück. Im CTAP2 wird daher direkt auf die ISO7816-4[42] referenziert.

Zunächst wird eine Anfrage an das NFC-Device gesendet, mit der Auswahl der spezifischen Applikation. Sobald das Device die Unterstützung der angefragten Funktionalität bestätigt, werden die Kommandos übermittelt und direkt quittiert.

Gearbeitet wird mit der Kapselung der CTAP/CBOR Daten, die in APDU-Pakete eingebettet werden.

Ähnlich funktioniert das Verfahren bei Bluetooth Low Energy (BLE). Verwiesen wird auf die „Bluetooth Core Specification 4.0" (kurz BT4.0) und CTAP regelt rudimentär das Verfahren für Pairing und Verbindungssicherheit. Die Datenübertragung an sich erfolgt

---

[42] ISO/IEC 7816-4:2013. Identification cards — Integrated circuit cards — Part 4: Organization, security and commands for interchange (2013). https://www.iso.org/obp/ui/#iso:std:54550:en [zuletzt abgerufen am 17.11.2019]

wie bei NFC mittels Framing und Einbettung der Daten als Payload in das Bluetooth Protokoll.

2.7 Bindung des Authenticators und Ersatz-Login-Möglichkeiten

Falls ein Authenticator aufgrund eines Verlusts oder Defekts nicht mehr zur Verfügung steht, ist grundsätzlich ein Login nicht mehr möglich. Daher sollten bei jedem Diensteanbieter ggf. weitere Ersatz-Authenticator registriert werden. Dies bedeutet aber einen zusätzlichen Aufwand und weitere Kosten, da bei einer Vielzahl an verwendeten Credentials der Registrierungsvorgang mit den möglichen Ersatz-Authenticator mehrfach durchgeführt werden muss. Diese sollten physisch an alternativen Orten aufbewahrt werden, was den Aufwand für Neuregistrierungen aber weiter erhöht.

Oder es kann auch auf alternative Login-Möglichkeiten zurückgegriffen werden. Das können klassische Credentials sein, ggf. in Kombination mit üblichen 2FA-Möglichkeiten wie „Time Based One Time Passwords" (TOTP), die bspw. mit Google-Authenticator kostenlos für Android-Mobilgeräte angeboten werden. Aber auch ausdruckbare Ersatz-Codes (OTP) sind heute sehr verbreitet. Auf die Verwendung von sog. Sicherheitsfragen sollte jedoch verzichtet werden, da sie mit „Social-Engineering-Methoden" relativ leicht zu ermitteln sind, zumindest nicht im Ansatz mit dem Sicherheitsniveau der Webauthn/FIDO2-Logins mithalten können. Und eine Sicherheitsarchitektur ist nur so sicher wie die schwächste Komponente.

Was systembedingt nicht vorgesehen ist, sind Backups des Authenticators. Da das Geheimnis, der private Schlüssel, nicht extrahierbar ist, sind diese an den Dienst gebunden („resident key material"). Allerdings ist ein Authenticator bei einer Vielzahl von Diensten registrierbar.

Unabdingbar sind die vorstehenden Ersatz- und Backupmaßnahmen auch bei der Nutzung eines internen Authenticators, wie bspw. bei Workstations und Laptops mit TPM (Windows 10) und mobilen Devices wie Tablets und Smartphones mit dem „Secure Element" (Android). Hier sollten die gleichen Grundsätze beachtet werden, da ein Defekt während der Nutzungsdauer nicht ausgeschlossen werden kann und bei Mobilgeräten das Diebstahl- und Verlustrisiko nicht unerheblich ist.

3 Praxisteil: Passwortloser Login

Für den Diensteanbieter ist die Implementation durch vorbereitete Docker-Instanzen und existierende Frameworks auf Basis verschiedenster Sprachen bereits mit relativ niedrigem Aufwand realisierbar.

Auf der Nutzerseite jedoch hat man es geschafft, den üblicherweise kaum zu lösenden Zielkonflikt zwischen Sicherheit und Bequemlichkeit elegant aus der Welt zu schaffen.

Bei der Erprobung der WebAuthn-API hat sich herausgestellt, dass die Verwendung im Alltag die Bedienversprechen erfüllt. Es sind keinerlei technische Kenntnisse erforderlich, die über das Einstecken eines USB-Devices hinaus gehen. Sofern die Voraussetzungen auf Client-Seite gegeben sind (TPM bzw. Secure-Element oder externer Authenticator vorhanden, richtige Browser- und Betriebssystemversion), beschränkt sich die Nutzung auf die Auswahl weniger Optionen mittels Dropdown-Menü und das Bestätigen von Schaltflächen. Je nach Gerät muss lediglich die UV/UP durchgeführt werden, was mit dem Fingerabdrucksensor (Android) bzw. dem Berührungstaster (Yubikey USB-Token) ebenfalls keinerlei Herausforderung bedeutet.

3.1 Technisches Setup

Die Demoseiten wurden jeweils mit den verschiedenen Geräten getestet. Es ergaben sich grundsätzlich nur optische Unterschiede in den Dialogen, die vom Betriebssystem angezeigt wurden. Es wird daher auf eine weitere Unterscheidung im Testverlauf verzichtet, sofern nicht relevant für die Ausführungen.

Verwendete Testgeräte:

Desktop PC (Eigenbau) ohne aktives TPM	Windows 10, v1903	Firefox 70.0.1 x64 Chrome 78.0.3904.97 x64
Switch Alpha 10 (Acer) ohne aktives TPM	Windows 10, v1803	Firefox 70.0.1 x64 Chrome 78.0.3904.97 x64
Huawai Mate 20 Pro mit Secure Element	Android 8.0	Chrome für Android Version vom 06.11.2019

Tabelle 6: Testgeräte und Softwareversionen

Als externer Authenticator wurde der „Yubikey" vom Typ „Security Key Series[43]" verwendet (Fa. Yubico). Der Yubikey wird per USB-A an das Endgerät angeschlossen. Er erlaubt zudem NFC-Kommunikation mit entsprechend geeigneten Geräten. Kompatibel

---

[43] Vgl. Fa. Yubico. https://www.yubico.com/products/yubikey-hardware/ [zuletzt abgerufen am 17.11.2019]

mit den Standards für U2F und FIDO2 gehört er zu den moderneren Lösungen der Fa. Yubico, die schon mehrere Jahre auf dem Markt ist.

Anmerkung der Redaktion: Abbildung 6 wurde aus urheberrechtlichen Gründen entfernt.

Abbildung 6: Yubikey Security Key Series, Fa. Yubico

3.2   Demoplattformen

Es gibt bereits zahlreiche Demoplattformen, die WebAuthn anschaulich darstellen und den Registrierungs- und Authentifizierungsprozess zu Testzwecken durchführen lassen. Die Dialoge des Betriebssystems sind jeweils gleich, da diese vom Browser gem. den Spezifikationen abgebildet werden. Das liegt auch daran, dass die Use-Cases (Anwendungsschritte) auch von den WebAuthn-Spezifikationen genau dargelegt sind.

Verwendet wurden die Plattformen webauthn.io, webauthn.me (inkl. Debugger, siehe Anhang 2: FIDO2-Registrierungsanfrage und -antwort; Anhang 3: FIDO2-Authentifizierungsanfrage und -antwort), https://fido2.egistec.com/.

3.3   Mobilgerät

Bei der Verwendung eines Smartphones mit Android-Betriebssystem bietet es sich an, den internen Authenticator (Android-Secure-Element) zu verwenden. Dieser ist dann aber an das Gerät gebunden mit allen Nachteilen (vgl. Tz. 2.7).

Anmerkung der Redaktion: Abbildung 7 bis 9
wurden aus urheberrechtlichen Gründen entfernt.

Abbildung 7: Registrierung   **Abbildung 8: Schlüsseloption**   **Abbildung 9: UV erfolgreich**

Neben dem Usernamen wählt man den „Attestation Type", inwieweit anonym die Registrierung durchgeführt werden soll. („none", „indirect", „direct", vgl. 2.5.1.1; Schritt 4).

Die Auswahl des Authenticators erfolgt ebenfalls über eine 1 aus 3 Auswahl. Bei „unspecified" erscheint optional ein Dialog des mobilen Betriebssystems, wo die Möglichkeiten separat zur Auswahl gestellt werden (vgl. Abbildung 8: Schlüsseloption). „Cross platform" bezieht sich auf einen externen Token und „Platform (TPM)" verweist auf die Nutzung des internen Authenticators, im Fall der Android-Geräte ist dies das „Secure Element".

Nach dem Betätigen der „Register" Schaltfläche erscheint der proprietäre Fingerabdruck-Dialog und nach erfolgreicher Eingabe des Fingerabdrucks wird die Registrierung bestätigt.

Bei dieser Variante bleibt der private Schlüssel im sicheren Bereich des Smartphones gespeichert und es kann nicht direkt darauf zugegriffen werden.

Das Einloggen funktioniert analog und ergibt keine anderen Ausgaben. Die Eingaben im Dialog sind die gleichen Werte. Nach Aktivierung der Schaltfläche „Login" ist man bereits im Login-Bereich des Diensteanbieters:

*Anmerkung der Redaktion: Abbildung 10 wurde
aus urheberrechtlichen Gründen entfernt.*

Abbildung 10: Login erfolgreich WebAuthn.io

3.4 Desktop

Auf einem Desktop- Endgerät funktioniert die Authentifizierung ähnlich wie beim Mobilgerät. Es sind User-Name, Attestation-Level und Art des Authenticators auszuwählen:

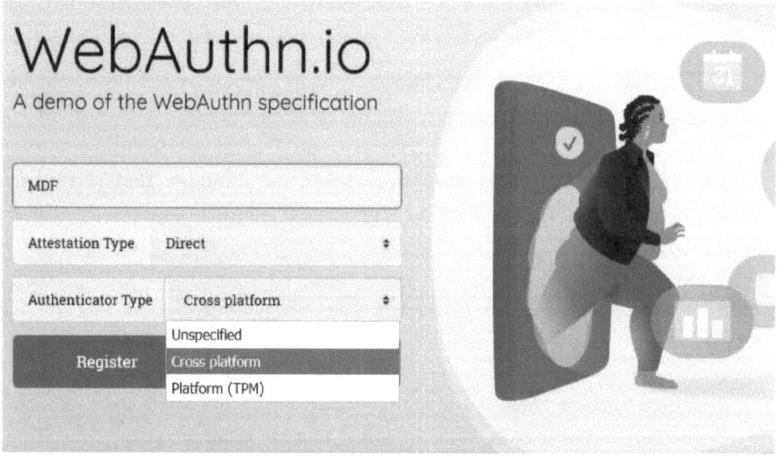

Abbildung 11: Registrierungsdialog WebAuthn.io

Die Browser, die alle W3C-Spezifikationen hinsichtlich WebAuthn erfüllen, melden sich nach dem Betätigen der Schaltfläche „Register" mit Dialogen, ähnlich wie bei mobilen Devices (hier Browser Mozilla Firefox):

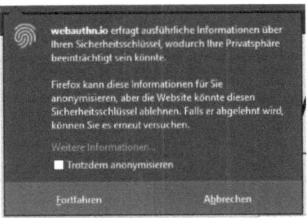
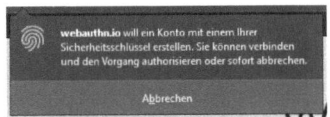

Abbildung 12: Bestätigung Attestation   Abbildung 13: Hinweis auf UP-Bestätigung

Nach der Bestätigung der Attestation („Fortfahren") und der User Presence (UP) mit Berührung des Tasters am Yubikey ist die Registrierung bereits abgeschlossen.

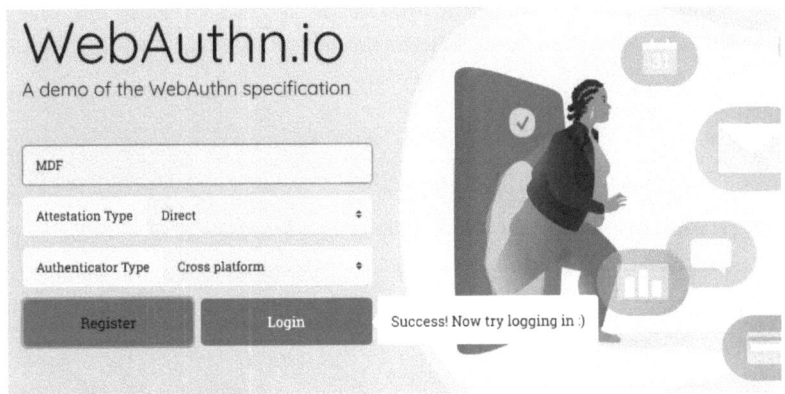

Abbildung 14: erfolgreiche Registrierung webauthn.io

Wie schon bei Mobilgeräten ist der Login mit einem Klick auf die gleichnamige Schaltfläche initiiert. Auch hier wird die UP, die bei CTAP2 den Standard darstellt, wieder per Browsernachricht angefragt:

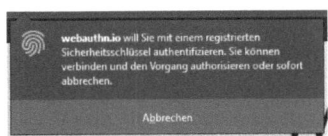

Abbildung 15: Abfrage UP

Nach der Berührung der UP-Taste am Yubikey auch hier ergibt sich sofort die Quittierung bzw. der erfolgreiche Login wird durch Zugriff auf den „geschützten" Bereich angezeigt:

Anmerkung der Redaktion: Abbildung 16 wurde aus urheberrechtlichen Gründen entfernt.

Abbildung 16: erfolgreicher Login webauthn.io

Zur besseren Darstellung werden bei webauthn.io auch noch Hintergrunddaten geliefert. Nicht so ausführlich, wie bei webauthn.me (vgl. Darstellungen in der Anlage), aber ein erster Einblick in die Identifikationsdaten (credentials):

Credentials for mdf

*Credentials are stored for 24 hours

Date created	Raw ID	Public Key
Fri, 3:08PM UTC	vduKnr7jS9PJtfyRLBW-JhoNYWCq8337 BzhNDXgcR7zgY3rh7vmnddDc4mrlSd TE7sMo5MNvsKyBAEuscgXEMA==	-----BEGIN PUBLIC KEY----- MFkwEwYHKoZIzj0CA QYIKoZIzj0DAQcDQgAEQ6WOLTaY/lxj9jqJRklO28j1 R/4O n+PSX9tII9qllaj5FCLXv6gjd41LI6MYV4PDOT2 pSa2uDS3UV9IMZ50Dew== -----END PUBLIC KEY -----
Fri, 7:56PM UTC	lpriH1CpVLQjwceHsaRpbPtccqdU5cllA SODYTjKlJ-sr68g7ecGGaAEkItl_P1VKK nC5cB59ljbQ8n6AWLkUQ==	-----BEGIN PUBLIC KEY----- MFkwEwYHKoZIzj0CA QYIKoZIzj0DAQcDQgAEe+/o0+vxo8szB5tye8jlErfqz7 HU g7EYaFeTo8HIjCF5XG/zjizwbLz4S056suL5JO4Q CivTtaWlQCK4ScZoeQ== -----END PUBLIC KEY-----

Abbildung 17 Gespeicherte Credentials webauthn.io (wiederholte Registrierung)

3.5 Ablaufplan (skizziert)

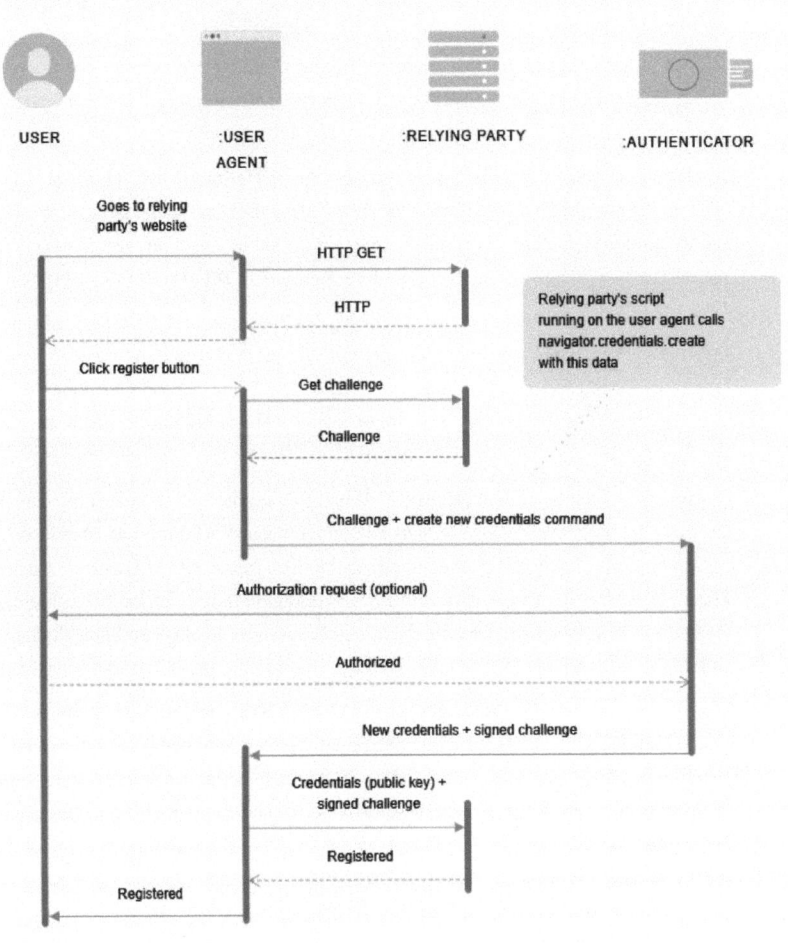

Abbildung 18: Ablaufplan Registrierung/Authentifizierung[44]

---

[44] Vgl. https://webauthn.me/introduction [zuletzt abgerufen am 17.11.2019]

4 Zusammenfassung

Das Projekt FIDO2 hat das Potenzial zumindest mittelfristig eines der größten Sicherheitslücken, die Verwendung von Passwörtern, aussterben zu lassen.

Was in vielen Bereichen der IT-Sicherheit nahezu unlösbar erscheint, den Spagat zwischen Sicherheit und Bequemlichkeit zu meistern, kann dank FIDO2 die meisten Bereiche im B2B aber auch bei Privatanwendern revolutionieren.

Auch weil in vielen Szenarien gar keine zusätzliche Hardware notwendig ist, da sie bereits in Mobil- und Desktopgeräten zum Standard gehört, fällt eine der größten Hürden schon einmal weg. Alle technischen Fragen sind geklärt und die Spezifikation als Erweiterung von FIDO1 mit einer Public-Key-Signierung gilt als sicher und erprobt.

Viele große Konzerne sind bereits Mitglieder des Boards der FIDO-Allianz und auch die beteiligten Softwarefirmen wie Microsoft mit Windows 10 und Google mit Android sind bereits mit ihren fertigen Produkten im Markt. Die Browserhersteller haben die Standards auch bereits umgesetzt, es ist quasi alles bereits fertig und in der breiten Masse verfügbar.

So kommt es hier nicht zum „Henne-Ei-Problem", sondern es erscheint nur eine Frage der Zeit, bis auch auf Seiten der Diensteanbieter das Verfahren zur Standard-Login-Methode wird. Auch auf Anbieterseite entstehen keine nennenswerten Kosten, da FIDO2 lizenzfrei ist. Ein Aufwand nach der Implementation ist kaum vorhanden, im Gegenteil, denn Passwort-Leaks ziehen unkalkulierbare Rechts- und Folgekosten nach sich.

Was verhindert nun die Erfolgsgeschichte FIDO2? Kritik an der Idee ist kaum vorhanden. Es ist das Sicherheitsbedürfnis der Endanwender, was de facto nicht in der Form vorhanden ist, wie es sein sollte. Verwendung unsicherer Passwörter wider besseres Wissen ist ein Indiz dafür. Sobald die großen Konzerne, die (außer bspw. Google, Dropbox sowie Microsoft mit Office365.com und Azure) noch abzuwarten scheinen, die Implementierung umgesetzt haben, werden sich die Vorteile in der Breite herumsprechen und der Erfolg seinen Lauf auch außerhalb von Tech-Kreisen nehmen.

Begründete Kritik ist nur vereinzelt zu vernehmen. So ist die separate Registrierung eines jeden Geräts/Authenticators ein überschaubarer Zusatzaufwand, wenn man den Nutzen sieht. Einzelne berichten auch von eingeschränkter Speicherkapazität für „resident keys" in externen Token, da bei einem aktiven Internetnutzer die Anzahl der Logins schonmal im oberen zweistelligen Bereich liegen können.

Insgesamt ist das Projekt als erstes ernsthaft dazu in der Lage, die Passwörter wirklich abzuschaffen.

Literaturverzeichnis

Rieger, Dr. Martin (2019): Einführung in die Informatik, M101. 10., überarbeitete und aktualisierte Aufl. 2019. Hochschule Albstadt-Sigmaringen, Fakultät Informatik.

Grassi, Paul A. et al. (2017): NIST Special Publication 800-63B. Digital Identity Guidelines - Authentication and Lifecycle Management.
https://pages.nist.gov/800-63-3/sp800-63b.html [zuletzt abgerufen am 17.11.2019]

Schmidt, Jürgen (2019): Abschied vom Passwort. Passwortloses Anmelden dank Fido2. c't - Magazin für Computertechnik. Heise Verlag. Heft 18/2019, Seite 18 ff.

Balfanz, Dirk et al. (2019): Web Authentication: An API for accessing Public Key Credentials Level 1. World Wide Web Consortium W3C.
https://www.w3.org/TR/webauthn-1/ [zuletzt abgerufen am 17.11.2019]

Brand, Christiaan et al (2019): Client to Authenticator Protocol (CTAP). FIDO Alliance. https://fidoalliance.org/specs/fido-v2.0-id-20180227/fido-client-to-authenticator-protocol-v2.0-id-20180227.html [zuletzt abgerufen am 17.11.2019]

Anhänge

Anhang 1: Aufgabenstellung

Thema 15: FIDO2 / Webauthn und CTAP

Theoretischer Teil: Stellen Sie das FIDO2-Projekt kurz vor. Welches Problem soll damit gelöst werden? Gehen Sie dabei detailliert auf die Web-Authentifizierungsspezifikation (WebAuthn) und das Client-to-Authenticator-Protokoll (CTAP) ein und erläutern Sie die technischen Hintergründe.

Welche Voraussetzungen sind client- und serverseitig erforderlich, um das Verfahren einzusetzen? Erläutern Sie Probleme, die ggf. beim Verlust des Authenticators oder Wechsel des PCs entstehen können.

Praktischer Teil: Im praktischen Teil sollen Sie das passwortlose Verfahren erproben. Dazu können Sie Demoplattformen wie z.B. webauthn.io verwenden. Stellen Sie anhand eines Ablaufdiagramms dar, wie die Registrierung und Authentifizierung erfolgt und wo die „Zugangsdaten" gespeichert werden.

Anhang 2: FIDO2-Registrierungsanfrage und -antwort

```
navigator.credentials.create({
  publicKey: {
    rp: {
      id: https://webauthn.me
      name: Webauthn.me-Test
    }
    user: {
      id: Regenerate (binary, random)
      name: MDF
      displayName: Alice_MDF
    }
    challenge: Regenerate (binary, random)

    pubKeyCredParams: [
    {
    type: 'public-key',
    alg: ES256 (ECDSA P-256 + SHA-256)
    }

    ]
timeout: 15000

authenticatorSelection: {
  authenticatorAttachment: cross-plattform
  userVerification: preferred

}
attestation: indirect
}
});
```

Code 3: Beispiel generierte Registrierungsanfrage webauthn.me

```
{
  "rawId": "b517737f47af2b5361d6306c84d44736eb24dbc176e46f (…)",
  "response": {
    "attestationObject": {
      "fmt": "packed",
      "attStmt": {
        "alg": -7,
        "sig": "3045022100969dc50d2ada11ad1270391ec278b50e4 (…)",
        "x5c": [
          "308202be308201a6a00302010202 (…)"
        ]
      },
      "authData": {
        "rpIdHash": "f95bc73828ee21f9fd3bbe72d97908013b0a3759e9aea3dae318766cd2e1ad",
        "flags": {
          "userPresent": true,
          "reserved1": false,
          "userVerified": false,
          "reserved2": "0",
          "attestedCredentialData": true,
          "extensionDataIncluded": false
        },
        "signCount": 3,
        "attestedCredentialData": {
          "aaguid": "b92c3f9ac0144056887f14a251163b",
          "credentialIdLength": 64,
          "credentialId": "b517737f47af2b5361d6306c84d44(…)",
          "credentialPublicKey": {
            "kty": "EC",
            "alg": "ECDSA_w_SHA256",
            "crv": "P-256",
            "x": "s/u1TDtT2wQwCeS64dyKbiTUMoE+NiPq2Kq339KECkI=",
            "y": "on49G2DS/aPYVNBWddHJlJ1Jnst9xSNv+EpBh4kyQGQ="
          }
        }
      }
    },
    "clientDataJSON": {
      "challenge": "5mFbPIHnksPnHrTO_noF2CJADOUX8DDlpCChU6HgrdQ",
```

```
      "origin": "https://webauthn.me",
      "type": "webauthn.create"
    }
  },
  "id": "tRdzf0evK1Nh1jBshNRHNusk28F25G- (…)",
  "type": "public-key"
}
```

Code 4: Antwort auf Registrierungsanfrage (JSON) webauthn.me

Anhang 3: FIDO2-Authentifizierungsanfrage und -antwort

```
navigator.credentials.get({
  publicKey: {
  challenge: Regenerate (binary, random)
  timeout: 5000
  rpId: https://webauthn.me
  allowCredentials:

  {
    type: 'public-key',
    id: 1905bf25...
    transports:  USB]
  }
}
userVerification: preferred
};
```

Code 5: Beispiel Authentifizierungsanfrage rawId webauthn.me

```
rawId: 1905bf257c225d062d346037a3eb0 (…)
id: GQW_JXwiXQYtNGA3o-sJBQzPUigki-6iPfTSJiY6YtuRQr7OYyvCWjaePWpU1MjUcAfAj70cQdX0GwLvBk5cwg
type: public-key

response: {
  signature: 304502206257192cefd (...)
  userHandle: undefined

clientDataJSON: {
  "challenge": "5mFbPIHnksPnHrTO_noF2CJADOUX8DDlpCChU6HgrdQ",
  "extra_keys_may_be_added_here": "do not compare clientDataJSON against a template. See
https://goo.gl/yabPex",
  "origin": "https://webauthn.me",
  "type": "webauthn.get"
}
authenticatorData: {
  "rpIdHash": "f95bc73828ee21f9fd3bbe72d97908013b0a3759e9aea3dae318766cd2e1ad",
  "flags": {
    "userPresent": true,
    "reserved1": false,
    "userVerified": false,
    "reserved2": "0",
    "attestedCredentialData": false,
    "extensionDataIncluded": false
  },
  "signCount": 11
}
}
```

Code 6: Beispiel Authentifizierungsanfrage rawId webauthn.me